Traudel Hartel

GRUSSKARTEN

Ideen für viele Anlässe

CHRISTOPHORUS

Zum Geburtstag
liebe Grüße
Maria
Einladung
Einladung

Traudel Hartel ist in der Museumspädagogik beim Museum für angewandte Kunst in Frankfurt/Main tätig. Sie hat viele erfolgreiche Bücher im Kreativbereich, vor allem zum Thema „Gestalten mit Papier“, veröffentlicht. Für ihre Arbeiten erhielt Frau Hartel zahlreiche Preise.

VORWORT

Liebe Grüße

Das ganze Jahr über gibt es viele Gelegenheiten, Gruß- und Glückwunschkarten zu verschicken – eine liebenswerte Tradition, die aus unserem Leben nicht mehr wegzudenken ist. Etwas ganz Besonderes sind selbst gestaltete Grußkarten, die individuell auf die Person und den Anlass Bezug nehmen können. Es sind Grüße, die lange in Erinnerung bleiben.

Ich möchte Ihnen eine große Auswahl an außergewöhnlichen Grußkarten zeigen, die leicht und einfach herzustellen sind. Die gezeigten Papiere und Motive sind natürlich austauschbar gegen Materialien aus Ihrem eigenen Papierfundus.

Lassen Sie sich von der Ideenvielfalt in diesem Buch zum Nacharbeiten oder zu eigenen Entwürfen anregen. Sie werden sehen, dass das Gestalten von Grußkarten Ihre Kreativität geradezu herausfordert.

Herzliche Grüße

Ihre

MATERIAL & TECHNIK

Material

Alle Materialien sind im Bastel- oder Schreibwarenhandel erhältlich. Die Grundmaterialien für die Faltkarten sind Fotokarton, geprägtes Tonpapier (Canson), Wellpappe und Naturpapiere, wie Strohseide, Maulbeerbaumpapier und handgeschöpftes Papier mit Blüteneinschlüssen. Als Dekorationsmaterial eignen sich Bänder, Schleifen, Holzstreuteile, Servietten, Sticker, Poesiebildchen, ausgestanzte Papiermotive oder Naturmaterialien. Abstandhalter, die einen 3D-Effekt erzielen, finden in diesem Buch häufig Anwendung. Sie sind auch als Zellkautschuk oder Distanzblättchen bekannt. Konturensticker sind vorgestanzte Motive mit Gold- oder Silberrand.

Die Sticker gibt es als Text- oder Motivfolie, die auf Papier geklebt und bunt ausgemalt werden. Verweise auf Herstellerfirmen finden Sie teilweise bei den einzelnen Anleitungen.

Werkzeuge

Werkzeuge wie Lineal, Schere, Bleistift, Cutter und eine Schneideunterlage werden fast für alle Arbeiten benötigt, deshalb werden sie auf den einzelnen Seiten nicht extra erwähnt.

Die Grundkarte

Die meisten der im Buch beschriebenen Karten sind in gängiger Postkartengröße selbst zugeschnitten. Für die Herstellung einer Faltkarte im Hochformat ein Rechteck in der Größe 15 x 21 cm zuschneiden oder – bei handgeschöpften Papieren – ausreißen (siehe unten). Für eine Karte im Querformat beträgt die Zuschnittsgröße 10,5 x 30 cm. Mit Lineal und Falzbein oder einem festen Gegenstand das Papier in der Mitte falzen und knicken. Die Ränder der Karte können zusätzlich mit einer Motivschere verziert werden. Schreibeinlagen sind nicht nur praktisch, sondern sie lassen handgefertigte Karten besonders edel aussehen. Verwendung finden auch bereits vorgefertigte Faltkarten, die es in vielen Farben und Strukturen zu kaufen gibt.

Anfertigung eines Büttenrandes

Charakteristisch für alle handgeschöpften Papiere ist der unregelmäßige Rand, der auch Büttenrand genannt wird. Um dieses typische Merkmal zu erhalten, werden die Papiere nicht geschnitten, sondern gerissen: Auf der Rückseite des Papiers mit Lineal und einem festen Gegenstand die gewünschte Größe einprägen. Mit einem nassen Pinsel die geprägte Linie mehrmals nachziehen. Mit beiden Händen und etwas Druck das Papier am nassen Falz auseinander reißen. Auf diese Weise entsteht der Büttenrand. Vor dem Verarbeiten die Ränder gut trocknen lassen.

Übertragen der Vorlagen

Das gewünschte Motiv mit Transparentpapier vom Vorlagebogen abpausen. Die Transparentform auf Fotokarton kleben und erneut ausschneiden. Einfacher ist es, das Motiv zu fotokopieren, auf Fotokarton aufzukleben und konturgenau auszuschneiden. Die Schablone nun auf das gewünschte Material legen, umzeichnen und die Form ausschneiden.
Die im Vorlagebogen enthaltenen Textkopien können Sie auch auf bunte Papiere kopieren. Eigene Texte in unterschiedlichen Schriftarten und Größen können individuell mit dem Computer erstellt werden.

Das Kleben

Zum Kleben der Papierarbeiten eignen sich sehr gut Klebestifte. Holz- und Naturmaterial dagegen lässt sich besser mit Heißkleber oder Doppelklebeband befestigen. Gepresste und getrocknete Blüten, die leicht zerbrechlich sind, können am einfachsten mit Sprühkleber fixiert werden.

Materialdruck

Das Verfahren, Geldstücke mit einem Bleistift auf Papier abzureiben, ist allgemein bekannt. Beim Abreiben oder Abdrücken von Materialien werden Umrisse und Strukturen sichtbar. Die erhöhten Stellen des Papiers nehmen die Farbe stärker an, sodass Konturen sichtbar werden.

1. Wenig Farbe auf eine Glasplatte geben. Mit der Gummiwalze die Farbe gut verteilen.

2. Die Schablonen oder Gräser auf einem glatten Untergrund anordnen. Darüber ein dünnes Papier legen.

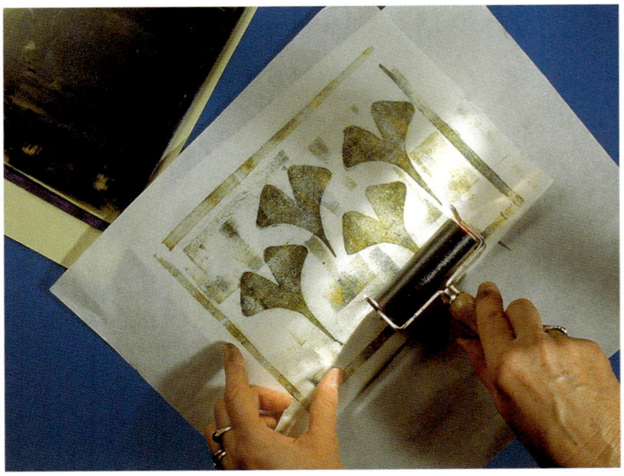

3. Die eingefärbte Walze zuerst auf einem Stück Zeitungspapier abrollen, dann erst über das Papier rollen. Je weniger Farbe, desto genauer die Umrisse. Der Vorgang kann mehrmals mit unterschiedlichen Farben wiederholt werden.

Servietten-Technik

Einfache Servietten-Technik

Das Motiv aus der Serviette in groben Konturen ausschneiden oder ausreißen. Nur die erste, bedruckte, Lage der Serviette benutzen, die beiden hinteren Lagen entfernen. Die Stelle auf der Karte, auf der das Motiv erscheinen soll, leicht markieren. Mit Klebestift diese Stelle bestreichen und das Serviettenmotiv möglichst faltenfrei aufkleben. Niemals die hauchdünne Serviette einstreichen, da diese reißen würde. Einfacher ist es mit Sprühkleber: Das Motiv einsprühen und auf der Karte positionieren. Diese Methode ist vor allem für grobe Naturpapiere zu empfehlen, da sich die dünne Serviette gut ins Papier integriert und Ränder kaum sichtbar sind.

Servietten-Technik mit 3D-Effekt

Zuerst das Motiv aus der Serviette grob ausschneiden, dann die beiden hinteren Lagen entfernen. Doppelseitiges Klebeband oder Aslanfolie (doppelseitiges, transparentes Klebeband) auf Fotokarton aufkleben. Die Schutzfolie abziehen und das dünne Serviettenpapier möglichst faltenfrei aufziehen. Dadurch werden die Motive stabilisiert und ein Einreißen ist nicht mehr möglich. Nun das jeweilige Motiv mit einer kleinen spitzen Schere konturgenau ausschneiden. Abstandhalter oder Volumenband (Zellkautschuk) auf die Rückseite des ausgeschnittenen Motivs kleben. Dadurch wird das Motiv aufgeblockt und wirkt sehr plastisch (3D-Effekt).

Servietten-Technik mit Serviettenkleber

Ein Serviettenmotiv konturgenau ausschneiden und die oberste, bedruckte Lage ablösen. Hintere Lagen entfernen. Die Karte dünn mit Serviettenkleber bestreichen und das Motiv faltenfrei aufkleben. Nun eine zweite dünne Schicht Serviettenkleber über die gesamte Fläche streichen. Gut trocknen lassen und eventuell die Karte zwischen zwei Papierlagen noch etwas pressen.

MATERIAL

Karte mit Holzhuhn

- *Naturpapier in Weiß*
- *2 Holzstreuteile „Huhn"*
- *Strohseidereste in Gelb, Grün*
- *Packpapier*
- *Juteband*
- *Bast*
- *Moos*

Karte mit Geschenkband

- *Naturpapier in Weiß*
- *Strohseide in Gelb*
- *Geschenkband „Hühnchen" (IHR)*
- *Feenhaar*

Zusätzlich

- *Heißkleber*

VORLAGE 1 *Seite 58*

Ostergrüße

Karte mit Holzhuhn

1 Nach der Anleitung auf Seite 5 aus weißem Naturpapier eine Karte anfertigen. Grüne und gelbe Strohseide in Stückchen reißen, zusammen mit Packpapierresten als Collage anordnen und auf die Karte kleben.

2 In die Mitte der Collage zwei Holzhühnchen setzen. Mit Heißkleber etwas Juteband und Moos befestigen. Die Karte mit einer Bastschleife und einer grünen Textkopie „Ostern" (Vorlage 1) verzieren.

Karte mit Geschenkband

Aus weißem Naturpapier eine Karte anfertigen (Anleitung S. 5). Einen breiten, gerissenen Streifen gelber Strohseide auf die Karte im Querformat kleben. Darüber das Geschenkband befestigen. Textkopie in Orange (Vorlage 1) und eine Schleife aus Feenhaar ergänzen.

TIPP

Mit Resten gerissener Strohseide lassen sich sehr gut Ostereier dekorieren. Das Ei mit Tapetenkleister bestreichen, die gerissenen Papierschnipsel aufkleben, gut andrücken und trocknen lassen.

MATERIAL

Grüne Karte

- *Faltkarte in Grün*
- *Fotokarton*
- *Strohseide in Weiß, Blau, Grün*
- *Geschenkpapier „Stiefmütterchen" (IHR)*
- *Hanfschnur in Blau*
- *Abstandhalter*

Karte in Pink

- *Faltkarte in Pink*
- *Fotokarton*
- *Strohseide in Hellgrün*
- *Serviette „Stiefmütterchen" (Fasana)*
- *Abstandhalter*

Zusätzlich

- *Motivschere*
- *Doppelklebeband*

VORLAGEN 2, 3 *Seite 58*

Frühling

Grüne Karte

1 Aus gerissener Strohseide in Weiß, Blau und Grün eine Collage anordnen. Dazwischen einen Streifen eines Notenblattes (Vorlage 2) einfügen und auf einer grünen Faltkarte festkleben. Aus Geschenkpapier einen Stiefmütterchenstrauß in groben Konturen ausschneiden und mit doppelseitigem Klebeband auf Fotokarton aufziehen.

2 Den Blumenstrauß nun konturnah mit einer spitzen Schere ausschneiden und auf die Rückseite Abstandhalter oder dicke Papperöllchen kleben, um einen 3D-Effekt zu erzielen. Den Blumenstrauß und eine blaue Hanfschnurschleife in die Mitte der Karte setzen und fixieren.

Karte in Pink

1 Auf eine Faltkarte in Pink einen 8 cm breiten Streifen aus hellgrüner Strohseide kleben. Aus einer Serviette das Stiefmütterchenmotiv in groben Konturen ausschneiden und mit Doppelklebeband nur die oberste Schicht der Serviette auf Fotokarton aufziehen (Anleitung Seite 7).

2 Die Textkopie (Vorlage 3) wellenförmig ausschneiden und aufkleben, ebenso das Stiefmütterchenmotiv ausschneiden und mit Abstandhaltern auf den Text kleben. Mit einem grünen Buntstift den Stiel der Blume verlängern.

MATERIAL

Karte

- *Faltkarte aus Naturpapier*
- *Wellpappe in Braun*
- *Packpapier in Braun*
- *Naturpapier in Orange*
- *Bambusstäbchen*
- *Moos*
- *Borstenhaare*

Anhänger

- *Wellpappe in Braun*
- *Fotokarton in Gelb*
- *Papierreste*
- *Bastfäden*
- *2 Holzstreuteile „Hasen"*

Zusätzlich

- *Heißkleber*
- *Motivschere*
- *Lackstift in Weiß, Schwarz*

VORLAGEN 1, 4, 5 *Seite 58, 59*

Osterhasen

Karte

1 Auf eine Karte, 11,5 x 17 cm, ein Stück orangefarbenes Naturpapier kleben. Den Hasen und die Einzelteile nach der Vorlage 4 aus Packpapier und Wellpappe zuschneiden. Die Einzelteile bemalen und auf den Hasen kleben.

2 Die Augen mit schwarzem und weißem Lackstift ausmalen. Borsten von einem Besen als Barthaare aufsetzen. Den Hasen auf die Karte kleben, mit Heißkleber das Bambusstäbchen befestigen und die Pfoten darüber fixieren. Die Karte mit etwas Moos und einem Textstreifen „Frohe Ostern" (Vorlage 1) verzieren.

Anhänger

Aus Wellpappe und Fotokarton kleine Kärtchen (Eiform siehe Vorlage 5) zuschneiden. Mit Resten von Textkopien und Buntpapieren die Kärtchen gestalten und mit Holzhäschen verzieren. Mit Bastfäden jeweils einen Aufhänger anbringen.

TIPP

Aus Restmaterialien lassen sich leicht und schnell schöne Geschenkanhänger herstellen.

MATERIAL

Vogelhäuschen

- *Faltkarte in Weiß*
- *Serviette „Garten" (IHR)*
- *Geschenkband, kariert*

Gartenzwerg

- *Faltkarte in Grün*
- *Strohseide in Weiß*
- *Geschenkband, kariert*
- *Serviette „Garten" (IHR)*
- *Fotokarton*

Zusätzlich

- *Serviettenkleber*
- *Doppelklebeband*

Gartenidylle

Vogelhäuschen

1 Aus der Serviette das Vogelhausmotiv ausschneiden. Nur die oberste Schicht der Serviette verwenden. Die Karte mit Kleber einstreichen, vorsichtig das Motiv auflegen und fest andrücken.

2 Mit Serviettenkleber die gesamte Karte nochmals bestreichen und gut trocknen lassen. Ein kariertes Bändchen der Abbildung entsprechend ergänzen.

Gartenzwerg

Eine grüne Karte mit etwas gerissener Strohseide bekleben. Das Gartenzwergmotiv aus einer Serviette in groben Konturen ausschneiden, die oberste Schicht ablösen und mit Doppelklebeband auf Fotokarton fixieren (Anleitung Seite 7). Mit einer Motivschere das Bild ausschneiden und auf der Karte anbringen. Mit einem Geschenkbändchen verzieren.

little gnome
a little helper in the garden
little gnome

MATERIAL

Gelbe Karte

- *Naturpapier in Gelb, Rot*
- *Wellpappe in Braun*
- *Fotokarton*
- *Serviette „Herzen" (IHR)*
- *Satinband in Rot*
- *2 kleine Herzen in Rot*

Weiße Karte

- *Naturpapier in Weiß, Rot*
- *Wellpappe in Braun*
- *Naturbast*
- *1 kleines Herz in Rot*

Zusätzlich

- *Motivschere*
- *Doppelklebeband*

VORLAGEN 6, 7 *Seite 59*

Herzliche Grüße

Gelbe Karte

1 Nach der Anleitung auf Seite 5 aus Naturpapier eine Faltkarte anfertigen. Ein Quadrat aus rotem Naturpapier, etwa 8 x 8 cm, reißen und auf die Vorderseite der Karte kleben. Darauf ein Viereck aus brauner Wellpappe, 6,5 x 6,5 cm, anbringen.

2 Das Margeritenherz aus der Serviette grob ausschneiden, mit Doppelklebeband auf Fotokarton aufziehen und konturgenau ausschneiden (Anleitung Seite 7). Das ausgeschnittene Herz auf die Vorderseite der Karte kleben. Zwei kleine Herzen und ein Satinband ergänzen.

Weiße Karte

Aus Naturpapier eine Faltkarte herstellen (Anleitung Seite 5). Wellpappe, 8 x 13 cm, auf der Vorderseite befestigen. Darauf eine Textkopie (Vorlage 6) und ein rotes Herz aus Naturpapier (Vorlage 7) fixieren. Mit einer üppigen Bastschleife und einem kleinen Herzchen die Karte verzieren.

MATERIAL

Hellgraue Karte

- *Fotokarton in Hellgrau (Canson)*
- *Strohseide in Pink, Rosa*
- *Tonpapier in Rosa*
- *Nostalgiebild*
- *Abstandhalter*

Karte in Cremefarben

- *Fotokarton in Cremefarben (Canson)*
- *Tonpapier in Blau*
- *Strohseide in Hellgrün*
- *Nostalgiebild*
- *Feenhaar in Grün*

Zusätzlich

- *Motivschere*

Blumenkinder

Hellgraue Karte

Aus Fotokarton eine Faltkarte anfertigen (Anleitung Seite 5). Ein quadratisches Stück Strohseide in Pink auf die Vorderseite der Karte kleben. Tonpapier in Rosa, 5 x 7 cm, mit der Motivschere ausschneiden und ein Nostalgiebild darauf befestigen. Mit Abstandhaltern das Bild auf die Karte kleben. Mit einer rosa Papierschleife das Bild verzieren.

Karte in Cremefarben

Nach der Anleitung auf Seite 5 eine Faltkarte aus Fotokarton zuschneiden. Blaues Tonpapier, 4,5 x 6 cm, und hellgrüne Strohseide, 7 x 9 cm, mit der Motivschere zuschneiden und der Abbildung entsprechend auf die Karte kleben. Nostalgiebild und eine Schleife aus Feenhaar ergänzen.

MATERIAL

Weißes Kuvert

- *Naturpapier in Weiß*
- *Buchsranke*
- *Chiffonband mit Herzmotiv*

Rotes Kuvert

- *Naturpapier in Rot*
- *Bastfaden in Rot*

VORLAGEN 8 – 11 *Seite 60, 61*

Edle Kuverts

Weißes Kuvert

Nach der Vorlage 8 das Kuvert aus Naturpapier zuschneiden, falten und zusammenkleben. Aus Buchsranke ein Herz formen. Das Chiffonband um das Kuvert kleben und auf der Vorder- und Rückseite zum Zubinden genügend Band überstehen lassen. Beim Verschließen das Herz mit dem Chiffonband verknoten.

Rotes Kuvert

Nach der Vorlage 9 aus geprägtem Naturpapier ein Kuvert zuschneiden, falten und zusammenkleben. Auf die Vorderseite eine Textkopie (Vorlage 11), 6 x 6 cm, kleben. Aus rotem Naturpapier ein kleines Herz (Vorlage 10) ausschneiden und ebenfalls aufkleben. Mit einer roten Bastschleife das Geschenkkuvert verschließen.

TIPP

In den Kuverts können Gutscheine, kurze Texte oder kleine Geschenke überreicht werden.

with love with love
with love with love
with love with love
with love with love
with love with love
with love with love
with love with love
with love with love
with love with love

MATERIAL

Weiße Karte

- *Blütenpapier*
- *1 Foto „Rose"*
- *Buchsranke*
- *Satinband in Weiß*
- *Siegellack und Stempel*

Herzkarte

- *Naturpapier in Rot*
- *1 Foto „Rosen"*
- *Johanniskrautranke*
- *Satinband in Weiß*
- *Schriftsticker „Gutschein" in Gold*

Zusätzlich

- *Heißkleber*

VORLAGE 12 *Seite 61*

Zur Hochzeit

Weiße Karte

1 Nach der Anleitung auf Seite 5 aus Blütenpapier eine Faltkarte anfertigen. Einen Ausschnitt aus einem Rosenfoto, 6 x 6,5 cm, aufkleben. Zwei Ringe aus künstlicher Buchsranke formen.

2 Die Ringe und eine Satinschleife mit Heißkleber auf der Karte befestigen. Siegellack mit einer Kerze erhitzen, auf die Schleife tropfen. Mit einem Siegelstempel das Muster eindrücken. Eine rote Schreibeinlage ergänzen.

Herzkarte

1 Die Vorlage 12 auf einem Kopierer auf 200% vergrößern. Nach der vergrößerten Vorlage aus Naturpapier ein Herz zuschneiden. In die Mitte der Karte ein Passepartout in der Größe 4 x 4 cm schneiden. Ein schönes Foto, z. B. ein Rosenmotiv, hinter den Ausschnitt kleben.

2 Mit einem Gegenblatt in Herzform die Rückseite der Karte abdecken. Ein gewickeltes Kränzchen aus Johanniskrautranke mit Heißkleber auf der Karte befestigen. Die Karte mit zwei kleinen, weißen Satinschleifen verzieren.

Gutschein

MATERIAL

Ringe

- *Faltkarte in Weiß*
- *Tonpapier in Hell-Lila (Canson)*
- *Wellpappe in Weiß*
- *Strohseide in Pink, Rosa, Lila, Bordeauxrot*
- *1 Doppelring in Gold*

Herzen

- *Faltkarte in Weiß*
- *Tonpapier in Rosé (Canson)*
- *Strohseide in Fliederfarben*
- *1 Skeletonblatt Bayan*
- *2 Stoffherzen in Weiß*
- *Satinband in Weiß*

Hochzeitsgrüße

Ringe

Eine weiße Faltkarte mit Tonpapier in Hell-Lila, 5 x 14 cm, bekleben. Darauf rosa Strohseide, 7 x 7 cm, und Wellpappe, 6 x 6 cm, der Abbildung entsprechend fixieren. Vier weitere kleine Quadrate aus unterschiedlichen Farben in der Größe 2,5 x 2,5 cm zuschneiden und als Block auf der Wellpappe befestigen. Goldene Doppelringe als Verzierung ergänzen.

Herzen

Eine weiße Faltkarte mit roséfarbenem Tonpapier, 9,5 x 14 cm, bekleben. Dann Strohseide in Fliederfarben zu einem Rechteck, 6,5 x 7,5 cm, reißen und ebenfalls mittig auf der Karte anbringen. Darüber ein Skeletonblatt fixieren. Zwei weiße Herzen und eine Schleife aus Satinband ergänzen.

MATERIAL

Rosa Bär

- *Fotokarton in Rosa, kariert*
- *Strohseide in Rosa*
- *Einlegeblatt in Weiß*
- *Tischkarte mit Stanzmotiv „Bär“ (Artoz)*
- *Schleifenband in Weiß, Rosa*

Kinderwagen

- *Faltkarte in Blau*
- *Papier in Weiß*
- *Tischkarte mit Stanzmotiv „Kinderwagen“ (Artoz)*
- *Schleifenband in Weiß*
- *Abstandhalter*

Zusätzlich

- *Motivschere*

Zur Geburt

Rosa Bär

Aus Fotokarton eine Faltkarte herstellen (Anleitung Seite 5). Von der Vorderseite mit der Motivschere 4 cm in Längsrichtung abschneiden. Ein weißes Einlegeblatt mit rosa Strohseide beziehen und in die Karte legen. Von der Tischkarte das Bärenmotiv ausschneiden und der Abbildung entsprechend fixieren. Schleifenbänder ergänzen.

Kinderwagen

Von der Tischkarte mit dem Kinderwagen das gefaltete Rückenteil abschneiden. Auf die Rückseite Abstandhalter kleben und diese auf eine blaue Faltkarte setzen. Weißes Papier mit der Motivschere ausschneiden, mit dem Namen des Kindes beschriften und aufkleben. Durch die beiden gelochten Räder des Kinderwagens ein Band ziehen und zur Schleife binden.

Henri

MATERIAL

Rote Karte

- *Wellpappe in Rot*
- *Buntpapierreste*
- *Holzbuchstabe*
- *Golddraht*

Gelbe Karte

- *Faltkarte in Gelb*
- *Strohseiderest*
- *Holzbuchstabe*
- *Satinband in Gelb*

Zusätzlich

- *Motivschere*
- *Motivlocher „Füßchen“, „Bärchen“*

VORLAGE 13 *Seite 62*

Hurra, ein Baby!

Rote Karte

Aus Wellpappe eine Faltkarte anfertigen (Anleitung Seite 5). Mit dem Motivlocher „Füßchen“ aus Buntpapier ausstanzen und auf Golddraht fädeln. Den Draht an zwei Stellen durch die Vorderseite der Karten stechen und auf der Rückseite miteinander verdrehen. Das Namensschild des Kindes mit der Motivschere zuschneiden. Holzbuchstaben ergänzen.

Gelbe Karte

Rote Strohseide, 7 x 7 cm, und eine Textkopie mit dem Namen des Kindes (Vorlage 13), 4,5 x 5 cm, mit der Motivschere zuschneiden und auf eine gelbe Faltkarte kleben. Drei Bärchen in bunten Farben ausstanzen und auf der Karte fixieren. Holzbuchstaben und eine Schleife aus Satinband ergänzen.

TIPP

Gerollte Wellpappe vor dem Verarbeiten auf der Rückseite, der glatten Seite, heiß bügeln, dann versteift sich die Pappe und lässt sich leicht ausschneiden.

MATERIAL

Rote Karte

- *Faltkarte in Rot*
- *Wellpappe in Blau*
- *Fotokarton*
- *Strohseide in Rot*
- *Juteband*
- *Knöpfe*
- *Teddymotiv aus Stoff*
- *Bunte Bastfäden*
- *Abstandhalter*

Blaue Karte

- *Passepartout-Karte in Blau*
- *Fotokarton*
- *Strohseide mit Pflanzenanteilen*
- *Motivstoff (Ikea)*
- *Naturbast*

Zusätzlich

- *Doppelklebeband*
- *Nadel*
- *Faden*

Liebe Teddys

Rote Karte

1 Blaue Wellpappe, 8,5 x 12 cm, auf eine rote Karte kleben. Darauf gerissene rote Strohseide und ein Stück Juteband befestigen. Das Teddymotiv aus Stoff in groben Konturen ausschneiden und mit Doppelklebeband auf Fotokarton ziehen.

2 Den Teddy konturnah ausschneiden und auf der Rückseite Abstandhalter fixieren. Den Teddy mittig auf die Karte setzen. Als Verzierung bunte Knöpfe und eine üppige Schleife aus bunten Bastfäden aufnähen.

Blaue Karte

Den Ausschnitt der Passepartout-Karte mit grober Strohseide hinterkleben. Wie oben beschrieben, ein Teddy- und ein Bienenmotiv auf Karton ziehen und mit Abstandhaltern auf der Karte fixieren. Mit einer kleinen Bastschleife den Teddy schmücken.

TIPP

Falls Sie keine Motivstoffe zur Hand haben, können Sie auch Motive aus Papier verwenden.

MATERIAL

Maus

- *Tonpapier in Weiß, Rot, Schwarz*
- *Kordel in Schwarz*

Fisch

- *Fotokarton in Blau*
- *Tonpapier in Weiß-Blau gepunktet, Weiß-Blau gestreift*

Zusätzlich

- *Silberstift*

VORLAGEN 14 – 16 *Seite 62*

Maus & Fisch

Maus

1 Nach der Vorlage 14 die Maus doppelt aus rotem Tonpapier und einzelne Teile, wie Ohren, Füße und Arme, aus schwarzem Papier zuschneiden. Ohren, Füße und eine Kordel als Schwanz auf der Innenseite der Karte festkleben.

2 Das Gesicht gestalten: Die Augen aus weißem, Nase und Mund aus schwarzem Tonpapier aufkleben. Arme und die Textkopie „Einladung" (Vorlage 15) fixieren. Mit Filzstift die Linien im Gesicht vervollständigen. Zum Schluss den zweiten Zuschnitt als Deckblatt auf die Rückseite kleben.

Fisch

Nach der Vorlage 16 den Fisch aus blauem Fotokarton zuschneiden. Die Schwanzflossen mit gestreiftem, den Körper mit gepunktetem Tonpapier bekleben. Mit Silber- oder Filzstift die Köpfe gestalten und beschriften.

10.2.
15^{00}
Einladung
Einladung

MATERIAL

Blumenband

- *Faltkarte in Hellgrün*
- *Tonpapier in Weiß, Gelb*
- *Strohseide in Weiß*
- *Chiffonband*

Blüte & Herzen

- *Faltkarte in Grün*
- *Wellpappe in Weiß*
- *Tonpapier in Gelb, Rot*
- *Satinband in Gelb*

Anhänger

- *Naturpapier in Weiß*
- *Strohseidereste*
- *Hanfkordel in Grün*

Zusätzlich

- *Motivlocher „Blume", „Herz"*
- *Motivschere*

VORLAGE 17 *Seite 62*

Viele Blumen

Blumenband

Auf eine grüne Faltkarte einen 5 cm breiten Streifen aus Strohseide kleben. Mit dem Motivlocher weiße und gelbe Blüten ausstanzen und auf den weißen Streifen setzen. Einen Streifen durchsichtiges Geschenkband so auf die Karte kleben, dass die Blüten sichtbar bleiben. Eine weiße Blüte als Verzierung an den rechten unteren Rand setzen.

Blüte & Herzen

Eine weiße Blüte aus Wellpappe nach der Vorlage 17 zuschneiden und mittig auf die grüne Faltkarte kleben. Einen gelben Kreis als Blütenstempel aufsetzen. Mit dem Motivlocher viele kleine Herzen ausstanzen und der Abbildung entsprechend auf der Karte fixieren. Textkopie (Vorlage 17) und Satinband ergänzen.

Anhänger

Naturpapier, 10 x 14 cm, in der Mitte falten. Mit der Motivschere den seitlichen Rand auf der Vorderseite 1 cm abschneiden und mit hellgrüner Strohseide unterlegen. Eine Collage in Gelb und Grün anordnen, zusätzlich mit einer Blüte verzieren und festkleben. Eine Kordel als Aufhänger anbringen.

Flowertime
Flowertime
...liche Grüße

MATERIAL

Braune Karte

- *Fotokarton in Weiß, Hellbraun*
- *Japanpapier*
- *Ginkgoblatt, getrocknet*

Blaue Karte

- *Faltkarte aus Bananenpapier in Blau*
- *Tonpapier in Weiß*
- *Japanpapier*
- *Blätter, getrocknet*
- *Blüte, gepresst*

Zusätzlich

- *Glasplatte*
- *Gummiwalze*
- *Linoldruckfarbe in Gelb, Blau*
- *Motivschere*

VORLAGE 18 *Seite 62*

Schöne Gräser

Braune Karte

Nach der Anleitung auf Seite 6 (Materialdruck) ein Ginkgoblatt unter ein dünnes Papier legen. Mit einer Farbwalze abrollen. Das gefärbte Papier auf weißen Fotokarton kleben und mit der Motivschere auf die Größe 8 x 23 cm zuschneiden. Den Zuschnitt auf eine braune Karte kleben und mit Textfragmenten (Vorlage 18) dekorieren.

Blaue Karte

Weißen Fotokarton, 8 x 10 cm, mit der Motivschere zuschneiden. Wie oben beschrieben einen Materialdruck aus Blättern herstellen. Das bedruckte Gräserpapier der Abbildung entsprechend auf die Karte kleben. Als zusätzliche Verzierung eine gepresste Blüte fixieren.

TIPP

Beim Abrollen der Materialien nur wenig Farbe verwenden. Anstelle getrockneter Blätter oder Blüten lassen sich auch gut Motive verwenden, die aus Fotokarton ausgeschnitten werden.

MATERIAL

Seestern

- *Naturpapier in Weiß, Blau*
- *Serviette „Am Meer" (IHR)*
- *Deko-Seestern*

Leuchtturm

- *Faltkarte in Blau*
- *Wellpappe in Weiß*
- *Fotokarton*
- *Strohseidereste*
- *Serviette „Am Meer" (IHR)*
- *Muscheln*
- *Kordel in Rot*
- *Abstandhalter*

Zusätzlich

- *Heißkleber*
- *Sprühkleber*
- *Doppelklebeband*

Urlaubsgrüße

Seestern

Nach der Anleitung auf Seite 5 aus weißem Naturpapier eine Karte herstellen. Aus einer Serviette ein Schiffsmotiv quadratisch ausreißen und die oberste Lage vorsichtig mit Sprühkleber auf blaues Naturpapier, 8 x 9,5 cm, aufziehen. Das Motiv zusammen mit einem roten Seestern auf der Vorderseite der Karte platzieren und festkleben.

Leuchtturm

Weiße Wellpappe, 11,5 x 18 cm, auf eine blaue Faltkarte kleben. Einen Leuchtturm in groben Konturen aus einer Serviette ausschneiden und die oberste Lage auf Fotokarton mit Klebeband aufziehen (Anleitung Seite 7). Den Leuchtturm mit Abstandhaltern auf die Karte kleben. Mit gerissener Strohseide und Muscheln die Karte verzieren. Mit einem Lackstift Möwen aufmalen und eine rote Schnur als Anker anbringen.

Karten im Trend

Abbildung Seite 2

Preiswerte Sets aus Plastik dienen als Ausgangsmaterial für besondere Grußkarten, die sich schnell und leicht herstellen lassen. Mit Lineal und Cutter das Blumenset in Postkartengröße zerschneiden. Zum Beschriften einen Folienstift verwenden, sonst verschmiert die Schrift. Es gibt auch kleine zugeschnittene Sets für Gläser, die genau in ein Kuvert passen.

MATERIAL

Herz

- *Fotokarton in Hellgrün, marmoriert*
- *Strohseide in Fliederfarben*
- *Tonpapier in Grün*
- *Erikaranke in Dunkelrot*
- *Satinschleife in Dunkelrot*
- *Goldhaar*

Kränzchen

- *Fotokarton in Grau*
- *Strohseide in Weiß, Grün, Fliederfarben*
- *Tonpapier in Rosa*
- *Erikaranke in Rosa*

Zusätzlich

- *Heißkleber*

VORLAGE 19 *Seite 63*

Runder Geburtstag

Herz

1 Eine Faltkarte aus hellgrünem Fotokarton zuschneiden (Anleitung Seite 5). Einen 7,5 cm breiten Steifen Strohseide in Längsrichtung auf die Karte kleben. Aus Erikaranke ein Herz formen.

2 Das Herz zusammen mit einer Satinschleife und etwas Goldhaar aufkleben, am besten mit Heißkleber. Ziffern aus grünem Tonpapier (Vorlage 19) noch etwas mit dem Buntstift kolorieren und auf die Schleife setzen.

Kränzchen

Auf eine graue Faltkarte Reste von grüner und weißer Strohseide kleben. Aus Erikaranke ein Kränzchen formen und mit Heißkleber auf der Karte befestigen. Mit einer Papierschleife und Ziffern aus rosa Tonpapier (Vorlage 19) die Karte dekorieren.

50

50
50

MATERIAL

Für alle Karten

- *Schreibpapier in Weiß*
- *Konturensticker „Rosen" in Silber*

Hellgrüne Karte

- *Faltkarte in Hellgrün, marmoriert*
- *Strohseide in Dunkelgrün*
- *Tonpapier in Hellgrün*

Spiegelkarte

- *Spiegelkarton*
- *Strohseide in Weiß, Grün*
- *Satinband in Dunkelgrün*
- *Abstandhalter*

Tischkarte

- *Fotokarton in Hellgrün*
- *Satinschleife in Dunkelgrün*
- *Abstandhalter*

Zusätzlich

- *Wasserfarben*

Silberhochzeit

1 Für alle Karten die Konturensticker auf weißes Schreibpapier kleben. Mit Pinsel und Wasserfarbe die Motive ausmalen. Mit einer Silhouettenschere konturgenau die Rosen ausschneiden und aufkleben.

2 Für die hellgrüne Karte zuerst dunkelgrüne Strohseide, 7 x 9 cm, mit der Motivschere zuschneiden. Strohseide, hellgrünes Tonpapier, 5,5 x 7,5 cm, und das Rosenmotiv der Abbildung entsprechend auf der Karte fixieren.

3 Für die Spiegelkarte aus Spiegelkarton eine Karte anfertigen (Anleitung Seite 5). Grüne Strohseide, 7 x 15 cm, mittig aufkleben. Gerissene weiße Strohseide darüber fixieren. Das Rosenmotiv mit Abstandhaltern befestigen. Eine schmale Satinschleife ergänzen.

4 Für die Tischkarte Fotokarton, 9 x 10 cm, zuschneiden und in der Mitte falten. Mit Abstandhaltern das Rosenmotiv aufsetzen. Stickerornamente und eine Schleife aus grünem Satinband ergänzen. Mit Silberstift beschriften.

TIPP

Konturensticker können auch auf Transparentfolie aufgeklebt und dann mit Bunt- oder Filzstiften ausgemalt werden.

MATERIAL

Callablüte

- *Fotokarton in Hellbraun (Canson), 21 x 62 cm*
- *Tonpapier in Dunkelgrün*
- *Serviette „Callablüte" (IHR)*
- *Skeletonblatt Bayan*

Eichenlaub

- *Fotokarton in Hellbraun, 18 x 66 cm*
- *Serviette „Eichenlaub" (IHR)*

Zusätzlich

- *Serviettenkleber*

VORLAGE 20 *Seite 63*

Leporellos

Callablüte

1 Den Fotokarton im Zickzack alle 11 cm zum Leporello falten. Das letzte etwas kürzere Blatt mit einem Streifen aus dunkelgrünem Tonpapier unterlegen und als Vorderansicht nehmen.

2 Textfragment (Vorlage 20) auf Transparentfolie kopieren und mit gerissenen Rändern auf die Vorderseite kleben. Die Callablüte aus einer Serviette genau ausschneiden und mit Sprühkleber aufziehen (Anleitung Seite 7). Skeletonblatt ergänzen.

Eichenlaub

Fotokarton wie oben beschrieben zu einem Leporello falten. Eichenlaub und Textfragmente aus der Serviette reißen und nur die oberste Lage mit Sprühkleber auf die Karte setzen. Das Motiv zusätzlich mit Serviettenkleber bestreichen und gut trocknen lassen.

TIPP

Ein Leporello ist ein Faltbüchlein, es hat im Gegensatz zur Faltkarte nicht nur eine Faltung, sondern beliebig viele. Es eignet sich gut für Fotos und Texte.

MATERIAL

Rote Blätter

- *Naturpapier in Weiß*
- *Transparentpapier*
- *Blätter in Rot, getrocknet*
- *Holzscheibe*
- *Bastfaden*

Gelbe Blüten

- *Naturpapier in Weiß*
- *Gräser und Blüten, getrocknet*
- *Hanfschnur*

Zusätzlich

- *Sprühkleber*
- *Heißkleber*

VORLAGEN 15, 21 *Seite 62, 63*

Blüten & Blätter

Rote Blätter

Nach der Anleitung auf Seite 5 eine Karte aus Naturpapier anfertigen. Auf die Vorderseite getrocknete Blätter mit Sprühkleber aufziehen. Eine Holzscheibe und eine Bastschleife mit Heißkleber befestigen. Die Textkopie „Einladung" (Vorlage 15) aus Transparentpapier leicht schräg auf die Karte kleben.

Gelbe Blüten

Eine Karte aus Naturpapier anfertigen (Anleitung Seite 5). Getrocknete Gräser und Blüten mit Sprühkleber befestigen. Das Textfragment (Vorlage 21) mit braunen Buntstiften oder einem gebrauchten Teebeutel patinieren und mittig auf die Karte kleben. Mit einer Schleife aus Hanfschnur die Karte verzieren.

TIPP

Da getrocknete Blüten und Blätter sehr leicht brechen, diese am besten in eine Schachtel legen, mit Sprühkleber besprühen, dann vorsichtig aufnehmen und mit einem Tuch auf der Karte andrücken.

MATERIAL

Karte mit Fledermaus

- *Faltkarte in Schwarz*
- *Tonpapier in Weiß, Schwarz*
- *Wellpappe in Orange*
- *Bastfäden*

Einladung

- *Faltkarte in Orange*
- *Tonpapier in Weiß, Schwarz*
- *Bastfäden*

Zusätzlich

- *Motivschere*
- *Motivlocher „Hexe"*

VORLAGEN 15, 22, 23,
Seite 62, 63

Halloween

Karte mit Fledermaus

1 Weißes Tonpapier, 7,5 x 15 cm, und Wellpappe in Orange, 6,5 x 15 cm, mit der Motivschere an zwei Seiten zuschneiden und der Abbildung entsprechend auf die Karte kleben.

2 Nach der Vorlage 22 aus schwarzem Tonpapier eine Fledermaus und einen Gartenzaun ausschneiden und zusammen mit ausgestanzten Hexen auf der Karte befestigen. Eine Schreibeinlage mit einem Bastfaden einhängen. Textkopie „Halloween" ergänzen.

Einladung

Schwarzes Tonpapier, 5,5 x 11,5 cm, auf einer Faltkarte fixieren. Textkopie (Vorlage 23) und ausgestanzte Hexen der Abbildung entsprechend aufkleben. Die Textkopie mit einem Buntstift etwas patinieren. Text „Einladung" (Vorlage 15) mit den zwei Hexen leicht schräg auf die Karte kleben. Bastschleife ergänzen.

Einladung
HALLOWEEN
HALLOWEEN

MATERIAL

Faltkarten in Schwarz

- *Tonpapier in Weiß, Fliederfarben*
- *Dünnes Papier*
- *Gräser und Blüten, getrocknet und gepresst*

Zusätzlich

- *Glasplatte*
- *Linolwalze*
- *Linoldruckfarbe in Schwarz*

TIPP

Bei dunklen Karten empfiehlt es sich, eine Schreibeinlage aus hellem Tonpapier zu verwenden.

Trauerkarten

1 Nach der Anleitung auf Seite 6 den Materialdruck anfertigen. Immer mehrere Versuche für jedes Motiv machen und erst dann eine Auswahl treffen.

2 Den Gräserdruck auf weißes Tonpapier aufziehen, einen weißen Rand stehen lassen oder eine fliederfarbene Unterlage einfügen. Den Gräserdruck auf die Karte kleben.

MATERIAL

Stern

- *Naturpapier in Weiß*
- *Serviette „Frohe Weihnachten" (Stewo)*
- *Tonpapier in Blau*
- *Wellpappe in Silber*
- *Dekoband in Blau*

Päckchen

- *Naturpapier in Weiß*
- *Serviette „Frohe Weihnachten" (Stewo)*
- *Wellpappe in Silber*
- *Dekoband in Blau*

VORLAGE 24 *Seite 63*

Weihnachtsgrüße

Stern

Aus Naturpapier eine Karte anfertigen (Anleitung Seite 5). Serviettenmotiv nach der Anleitung auf Seite 7 auf der Karte fixieren. Nach der Vorlage 24 aus silberner Wellpappe und blauem Tonpapier zwei Sterne ausschneiden und etwas versetzt auf der Karte mit einem Dekoband befestigen. Dafür die Sterne und die Karte mit einer stumpfen Nadel durchbohren und das Dekoband durchziehen und verknoten.

Päckchen

1 Aus der Serviette das Ornament und den Text ausreißen, nur die oberste Lage der Serviette verwenden. Nach der Anleitung auf Seite 7 mit Klebestift die Serviettenmotive auf die Karte ziehen.

2 Silberne Wellpappe, 3 x 9 cm, zu einem Päckchen falten, mit einem blauen Band verschnüren und mittig auf der Karte fixieren.

Merry Christmas
Buon Natale
Frohe Weihnachten
Joyeux Noel
God Jul
Frohe Weihnachten
Joyeux Noel

MATERIAL

Karte

- *Naturpapier in Weiß, Rot*
- *Serviette „Weihnachten" (Ambiente)*
- *Cellophan*
- *Goldkordel*
- *Metallsternchen in Blau*

Anhänger

- *Wellpappe in Rot*
- *Tonpapierreste*
- *Serviette „Weihnachten" (Ambiente)*
- *Goldkordel*

Zusätzlich

- *Motivschere*
- *Doppelklebeband*

Zum Fest

Karte

1 Nach der Anleitung auf Seite 5 eine Karte aus rotem Naturpapier anfertigen. Weißes Naturpapier, 7 x 7 cm, mit der Motivschere zuschneiden und auf der Karte fixieren.

2 Darauf einen Serviettenausschnitt mit Sprühkleber befestigen. Ein Tütchen aus Cellophan falten und mit blauen Sternchen füllen. Die Karte mit einer Goldkordel und dem Sternentütchen verschließen.

Anhänger

Aus Tonpapier kleine Kärtchen, 7 x 7 cm, zuschneiden und mit Ausschnitten der Serviette bekleben. Goldkordeln als Aufhängung befestigen.

MATERIAL

Rote Karte

- *Faltkarte in Rot*
- *Strohseide in Weiß, Grün*
- *Wellpappe in Gold*
- *Metallsternchen in Gold*
- *Goldkordel*

Karte in Natur

- *Faltkarte aus Naturpapier*
- *Strohseide in Grün*
- *Glitzerpapier in Rot*
- *Juteband*

Zusätzlich

- *Motivlocher „Stern", „Tannenbäumchen", „Bär",*

VORLAGE 25 *Seite 63*

Stille Nacht

Rote Karte

Auf eine rote Faltkarte gerissene Strohseide in Grün und Weiß kleben. Aus goldener Wellpappe, 3 x 9 cm, ein Päckchen formen und mit einer Goldkordel verschließen. Goldsterne, Päckchen und Textkopie (Vorlage 25) aufkleben.

Karte in Natur

Auf eine Faltkarte einen Streifen aus grüner Strohseide, 7,5 x 10,5 cm kleben. Aus Juteband vier Quadrate, 3 x 3 cm, zuschneiden und ebenfalls aufsetzen. Aus Glitzerpapier mit dem Motivlocher vier verschiedene oder auch vier gleiche Muster ausstanzen und auf die einzelnen Felder kleben. Mit einer Textkopie (Vorlage 25) die Karte verzieren.

BUON NATALE
MERRY CHRISTMAS

VORLAGEN

1

Frohe Ostern

Frohe Ostern Frohe Ostern Frohe Ostern
Frohe Ostern Frohe Ostern Frohe Ostern
Frohe Ostern Frohe Ostern Frohe Ostern
Frohe Ostern Frohe Ostern Frohe Ostern
Frohe Ostern Frohe Ostern Frohe Ostern

3

Vom Eise befreit sind Strom und Bäche
Durch des Frühlings holden, belebenden Blick,
Im Tale grünet Hoffnungs-Glück;
Der alte Winter, in seiner Schwäche,
Zog sich in rauhe Berge zurück.
Von dorther sendet er, fliehend, nur
Ohnmächtige Schauer körnigen Eises
In Streifen über die grünende Flur;
Aber die Sonne duldet kein Weißes,
Überall regt sich Bildung und Streben,
Alles will sie mit Farben beleben;
Doch an Blumen fehlts im Revier,
Sie nimmt geputzte Menschen dafür.
Kehre dich um, von diesen Höhen
Nach der Stadt zurück zu sehen.
Aus dem hohlen finstern Tor
Dringt ein buntes Gewimmel hervor.
Jeder sonnt sich heute so gern.
Sie feiern die Auferstehung des Herrn,
Denn sie sind selber auferstanden,
Aus niedriger Häuser dumpfen Gemächern,
Aus Handwerks- und Gewerbes-Banden,
Aus dem Druck von Giebeln und Dächern,
Aus der Straßen quetschender Enge,
Aus der Kirchen ehrwürdiger Nacht
Sind sie alle ans Licht gebracht.
Sieh nur, sieh! wie behend sich die Menge
Durch die Gärten und Felder zerschlägt,
Wie der Fluß, in Breit und Länge,
So manchen lustigen Nachen bewegt,
Und bis zum Sinken überladen
Entfernt sich dieser letzte Kahn.
Selbst von des Berges fernen Pfaden
Blinken uns farbige Kleider an!
Ich höre schon des Dorfs Getümmel,
Hier ist des Volkes wahrer Himmel,
Zufrieden jauchzet groß und klein:
Hier bin ich Mensch, hier darf ichs sein!

2

4

5

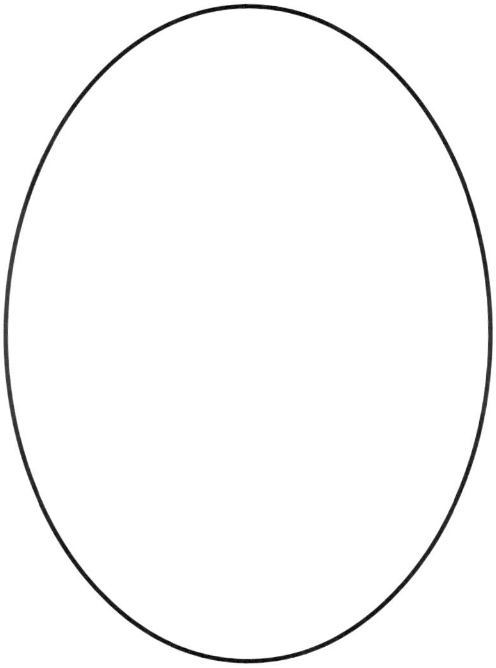

6

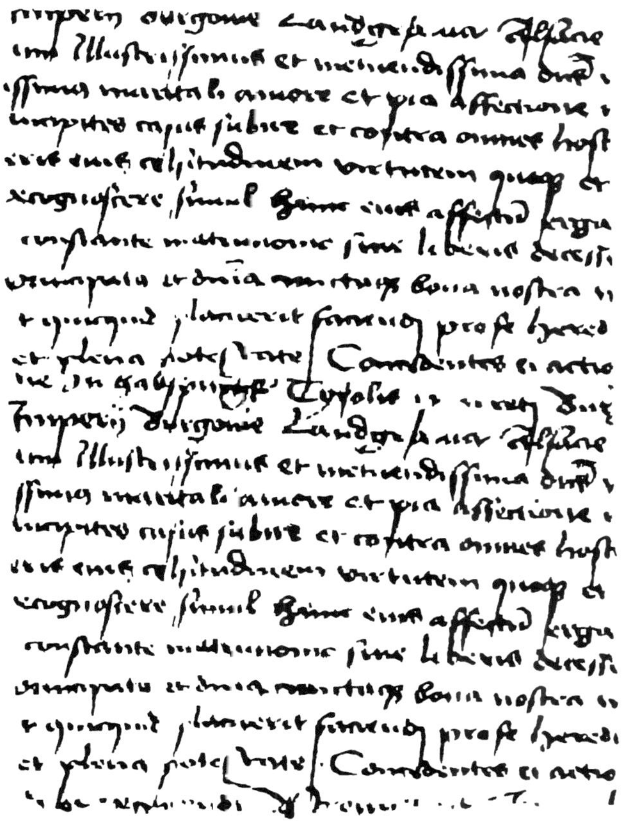

7

8

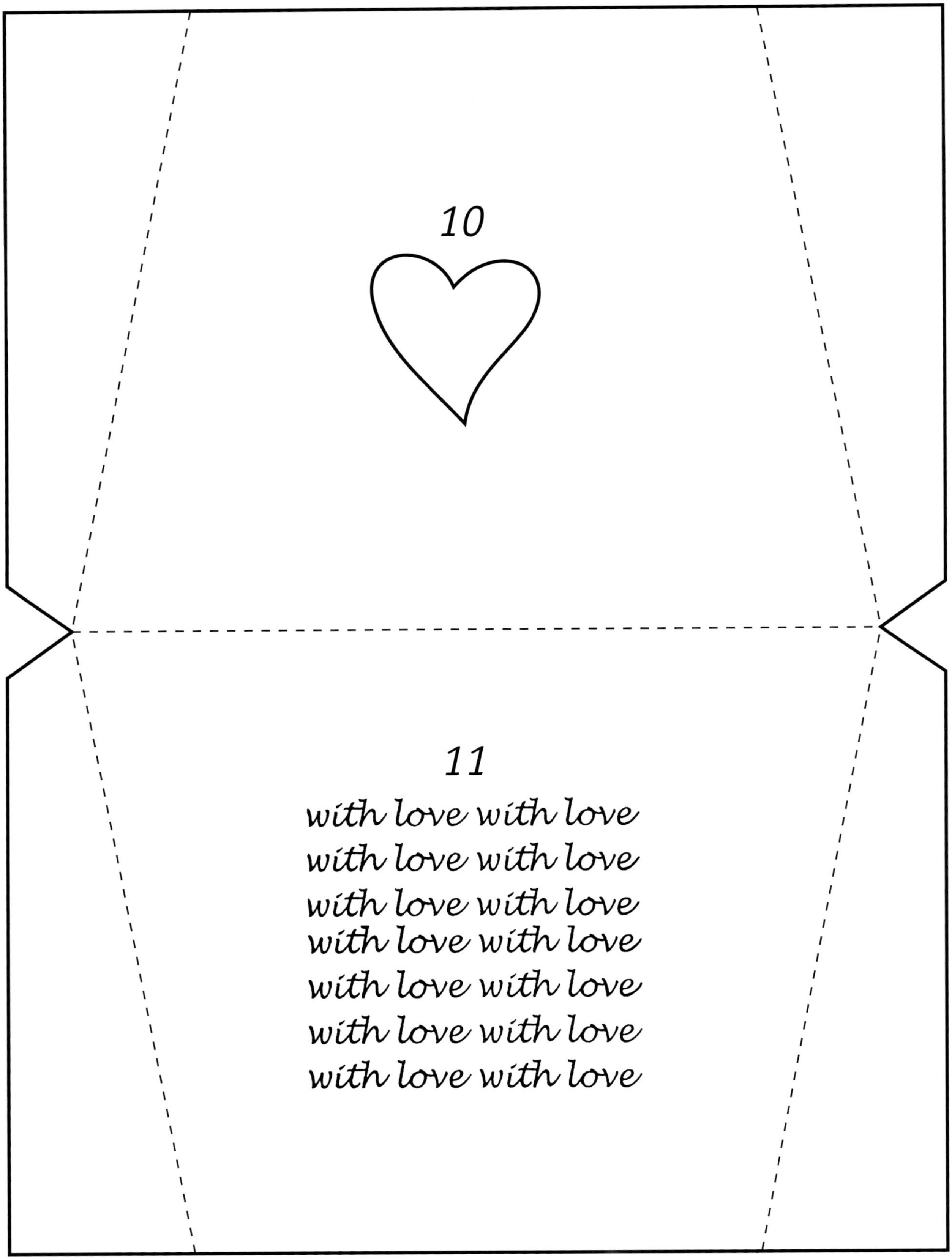
10
11
with love with love
with love with love
with love with love
with love with love
with love with love
with love with love
with love with love

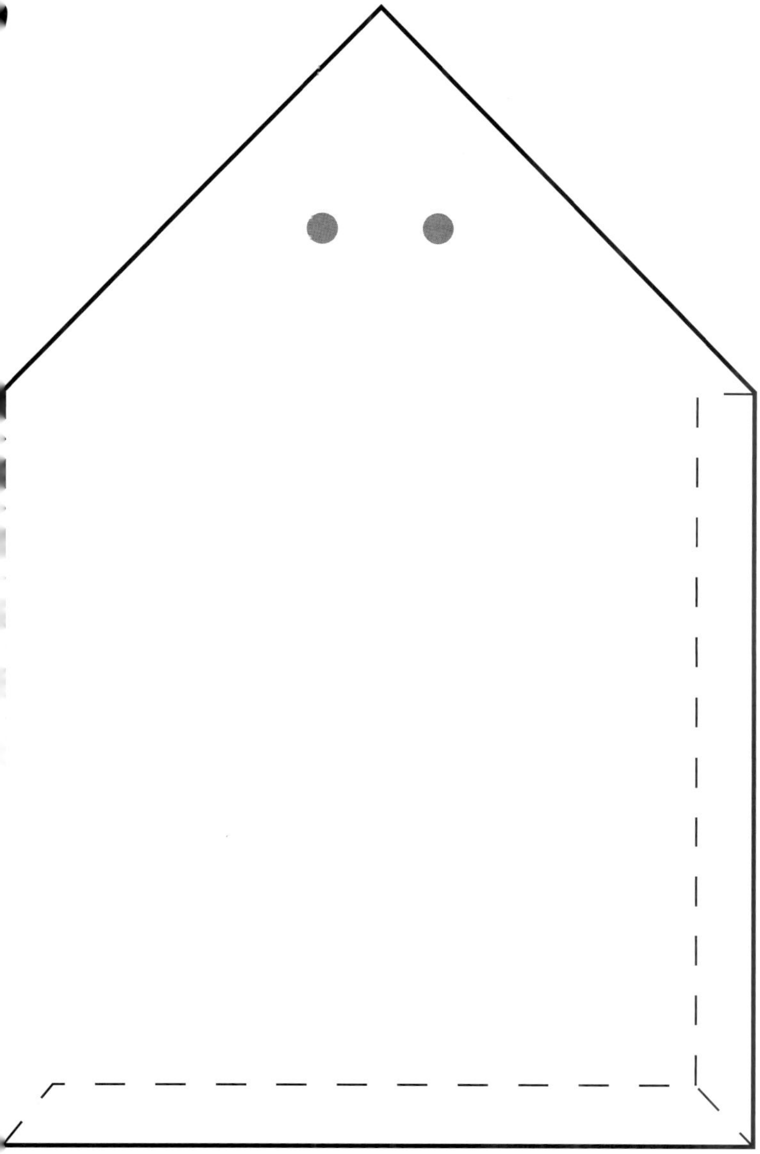

12

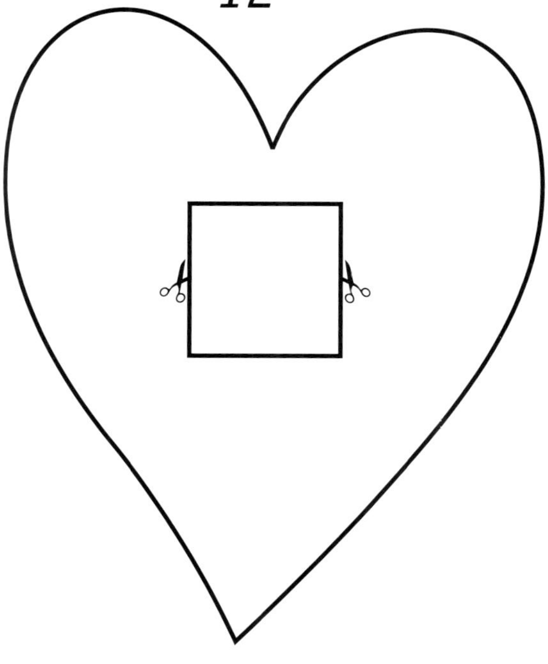

13

Christian Christian Christian
Christian Christian Christian
Christian Christian Christian
Christian Christian Christian
Christian Christian Christian
Christian Christian Christian
Christian Christian Christian
Christian Christian Christian
Christian Christian Christian
Christian Christian Christian
Christian Christian Christian
Christian Christian Christian

14

15

Einladung

17

17

....liche Grüße

16

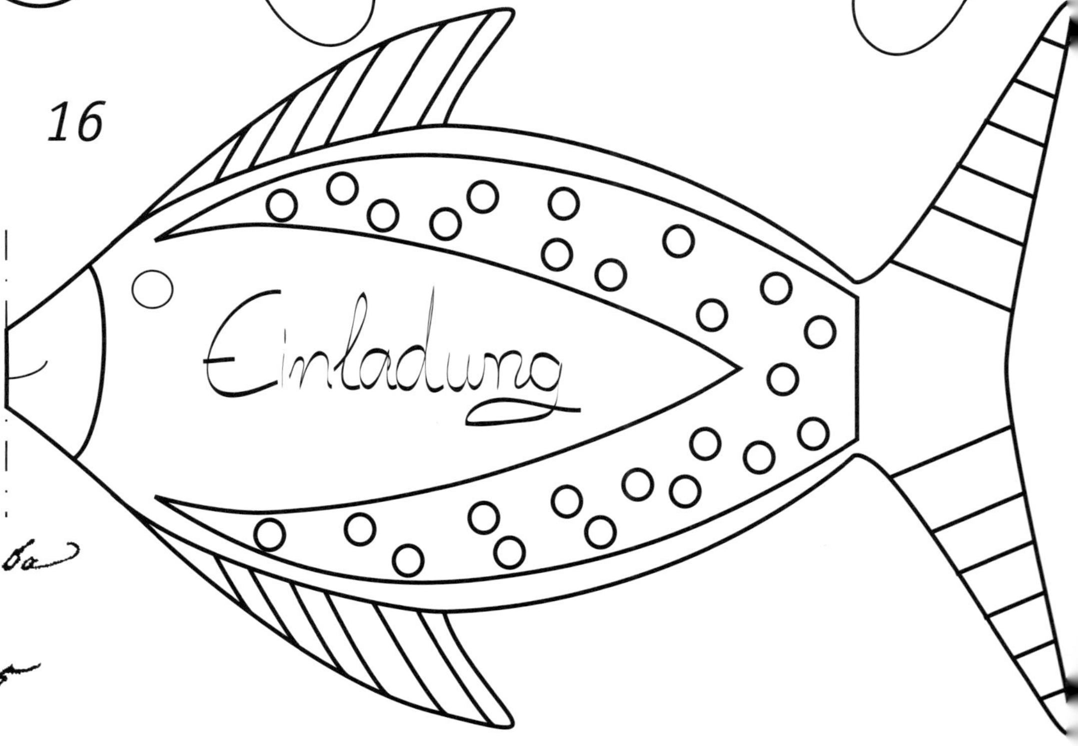

18

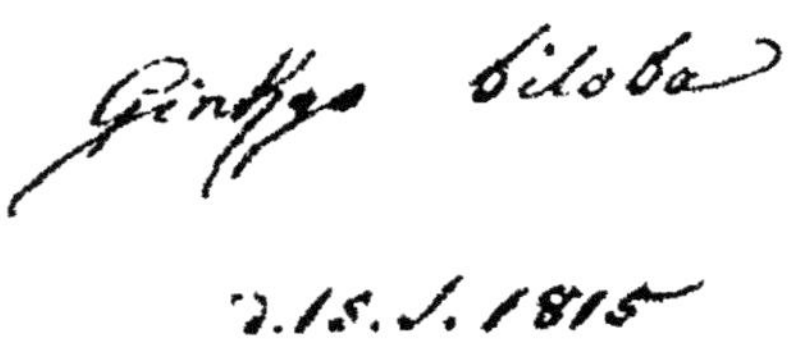

19

50

20

Lieblich ist's im Frühlingsgarten
Mancher holden Blume warten;
Aber lieblicher, im Segen,
Seiner Freunde Namen pflegen:
Denn der Anblick solcher Züge
Thut so Seel als Geist genüge.
Ja! Zu Lieb und Treu bekennet
Sich der Freund wie er sich nennet

Weimar
am Neujahrstage 1815.

den Ihrigen
Goethe

21

Schöpferische Phantasie bleibt das Geheimnis eines Menschen der sie besitzt.

22

23

HALLOWEEN
HALLOWEEN
HALLOWEEN
HALLOWEEN
HALLOWEEN
HALLOWEEN
HALLOWEEN
halloween
HALLOWEEN
HALLOWEEN
HALLOWEEN
HALLOWEEN
HALLOWEEN
HALLOWEEN
halloween

22

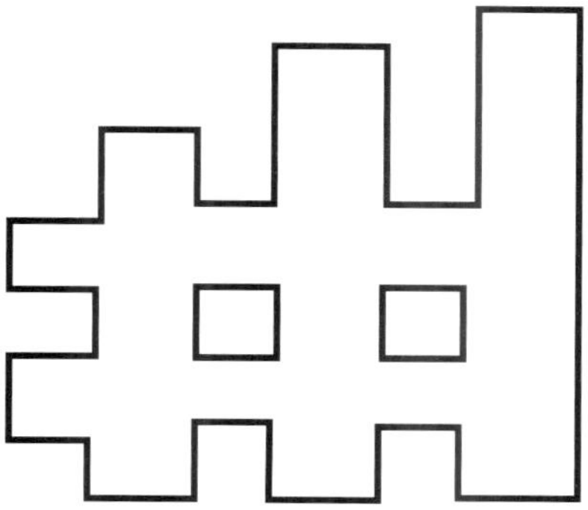

24

25

BUON NATALE

25

MERRY CHRISTMAS

Weitere Titel aus dieser *CHRISTOPHORUS-Reihe*

3-419-53240-7

3-419-53243-1

3-419-53244-X

IMPRESSUM

ISBN 3-419-53241-5

Lektorat:
Gisa Windhüfel, Freiburg

Styling und Fotos:
Andreas Gerhardt, Freiburg

Layoutentwurf:
Network!, München

Gesamtproduktion:
Carsten Schorn, Merzhausen

Druck:
Himmer, Augsburg

Wir sind für Sie da, wenn Sie Fragen haben. Und wir interessieren uns für Ihre eigenen Ideen und Anregungen. Schreiben Sie uns, wir hören gerne von Ihnen!
Ihr Christophorus-Team

Christophorus-Verlag GmbH
Hermann-Herder-Str. 4
79104 Freiburg
Tel. 0761/27 17 - 0
Fax 0761/27 17 - 352
oder e-mail:
info@christophorus-verlag.de

CHRISTOPHORUS